AF509808

LA CRIMINALITÉ

FÉMININE

LOUIS PROAL

CONSEILLER A LA COUR D'AIX

LA CRIMINALITÉ FÉMININE

EXTRAIT DU *CORRESPONDANT*

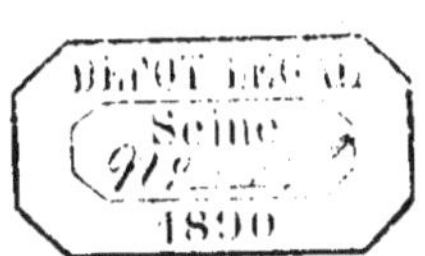

PARIS

E. DE SOYE ET FILS, IMPRIMEURS

18, RUE DES FOSSÉS-SAINT-JACQUES, 18

1890

LA CRIMINALITÉ FÉMININE

Les études sur la criminalité sont à l'ordre du jour. Ces questions, qui étaient autrefois réservées aux magistrats et à quelques médecins chargés des expertises médico-légales, intéressent aujourd'hui vivement les philosophes, les moralistes, les hommes d'État et le public éclairé, qui désire se tenir au courant des questions sociales. Le philosophe, qui veut contrôler ses théories par l'observation des hommes, trouve d'utiles enseignements dans les débats de la cour d'assises, où s'agitent souvent les plus graves problèmes de responsabilité morale. L'attention des hommes d'État se porte de plus en plus sur les moyens de préserver la société du danger que lui font courir les récidivistes. M. le baron de Bulow, ancien ministre des affaires étrangères, disait avec raison, il y a quelques années : « Cette question de préservation et de répression du crime est infiniment plus digne de l'intérêt et de l'étude des hommes d'État que les neuf dixièmes des questions de politique quotidienne, qui occupent une si grande partie du temps et de l'attention des cabinets. » Les statistiques criminelles du ministère de la justice viennent, chaque année, apporter au moraliste de précieux renseignements sur les causes de la criminalité. C'est à l'aide de ces documents que je me propose d'examiner la criminalité comparée de l'homme et de la femme, de rechercher si, de notre temps, comme de celui de Platon, le sexe féminin « a moins de dispositions que le nôtre à la vertu, » (*les Lois*, VI), ou si, au contraire, la criminalité de la femme n'est pas beaucoup moindre que celle de l'homme. Assurément, nous n'avons pas besoin de consulter les statistiques du ministère de la justice pour savoir que la femme chrétienne ne ressemble pas à la femme de l'antiquité; il suffit de jeter les yeux autour de nous, sur nos sœurs, nos femmes et nos mères, et surtout sur les saintes femmes qui soignent les malades et élèvent les orphelins; il suffit même de pénétrer dans une salle du tribunal correctionnel, et de jeter un coup d'œil sur le banc des prévenus, où l'on verra que le nombre des hommes est beaucoup plus considérable que celui des femmes. Mais il est utile, sur cette question comme sur toute autre, de ne pas s'en tenir à des généralités. Sans précision, une étude quelconque reste vague, générale, et l'on peut souvent dire d'elle : *verba et voces, præter ea nihil.* Aussi je me propose, dans cette étude sur la criminalité féminine, de m'appuyer sur les résultats fournis par les statistiques officielles.

D'après la dernière statistique, celle relative à l'année 1887, sur 4298 accusés[1] traduits devant les cours d'assises, il y avait 3673 hommes et 625 femmes. L'année précédente, en 1886, le nombre total des accusés des deux sexes était de 4397 se décomposant ainsi : 3758 hommes, 639 femmes. Cette différence considérable entre la criminalité de l'homme et celle de la femme est chaque année constatée par les statistiques. En 1881, sur 100 000 hommes, il y avait 20 accusés; sur 100 000 femmes, il y avait 3 accusées; « la criminalité de celles-ci est donc près de sept fois moindre que celle des hommes ». (*Statistique criminelle de* 1881, p. 10.) M. Tarde, qui reconnaît d'ailleurs que la criminalité de la femme est inférieure à celle de l'homme, n'évalue pas exactement cette différence, en disant qu'elle est quatre fois moindre. (*La Criminalité comparée*, p. 48). D'après la statistique de 1887, sur 100 accusés il y a eu 85 hommes et 15 femmes. La différence serait encore plus grande si on ajoutait au nombre des hommes accusés les militaires condamnés par les conseils de guerre, pour crimes de droit commun, et qui ne sont pas portés sur les statistiques du ministère de la justice.

Pour les délits de droit commun, la proportion des femmes sur le nombre des prévenus est encore plus faible que pour les crimes. En 1886, sur 100 personnes traduites devant les tribunaux correctionnels, il y a eu 87 hommes et 13 femmes. (*Statistique criminelle de* 1886, p. 19.)

Ces constatations nous permettent déjà d'apprécier les immenses progrès accomplis par la femme moderne depuis Platon, qui a écrit dans le *Timée* la phrase suivante : « Entre les hommes qui avaient reçu l'existence, ceux qui se montrèrent lâches et passèrent leur vie dans l'injustice furent, selon toute vraisemblance métamorphosés en femmes dans la deuxième naissance. » Les anciens étaient convaincus que la femme était très inférieure à l'homme en moralité : « Les femmes, dit Hésiode, sont pour l'homme de funestes compagnes qui s'associent à sa prospérité

---

[1] En droit criminel, il faut distinguer les *accusés*, traduits devant la cour d'assises et les *prévenus*, renvoyés devant le tribunal correctionnel.

et non à sa misère. » Le poète grec les compare à de méchants et parasites frelons, qui s'engraissent du labeur d'autrui. Il est vrai qu'il ajoute que s'il n'y a rien de pire quand elle est mauvaise, l'homme ne peut rien rencontrer de meilleur quand elle est bonne. Le législateur sacré des anciens Hindous « donnait en partage aux femmes l'amour de leur lit, de leur siège et de la parure, la concupiscence, la colère, les mauvais penchants, le désir de faire du mal et la perversité. » (*Lois de Manou*, IX, p. 17.) Aussi Manou recommandait-il au mari de surveiller sa femme « jour et nuit... afin de préserver sa lignée » et de la châtier lorsqu'elle commettait quelque faute « toujours sur la partie postérieure du corps et jamais sur les parties nobles ». (*Lois de Manou*, VIII, p. 299-300). On sait aussi que le fondateur de la religion musulmane avait de la vertu féminine une opinion peu favorable. Non seulement il prétend que « les hommes sont supérieurs aux femmes » (*le Coran*, II, 228), mais il se demande s'il faut attribuer à Dieu comme enfant « un être qui grandit dans les ornements et les parures et qui est toujours à disputer sans raison » (XLIII, 17) [1]. Aussi, comme Manou, recommande-t-il au mari de réprimander et de châtier les femmes qui lui désobéissent : « Vous les reléguerez dans des lits à part, vous les battrez » (IV, 38). Si on rapproche ces passages de Mahomet, de Manou, de Platon et d'Hésiode, des résultats des statistiques criminelles, on voit qu'il n'est plus permis de dire que les hommes sont supérieurs aux femmes en moralité, puisqu'ils commettent sept fois plus de crimes et de délits de droit commun.

Les statistiques du ministère de la justice, en démontrant que la criminalité de la femme est inférieure à celle de l'homme, viennent contredire les théories de l'école d'anthropologie criminelle. Suivant M. le docteur Lombroso, « la femme présente une plus grande analogie avec l'homme primitif et partant avec le malfaiteur » ; sa criminalité devrait donc être supérieure à celle de l'homme, or elle est sept fois moins considérable. Pour sortir d'embarras, M. le docteur Lombroso n'hésite pas à affirmer que « sa criminalité n'est pas inférieure à celle de l'homme, quand la prostitution vient s'y joindre ». Cette assimilation de la prostitution à la criminalité a été aussi soutenue par M. le docteur Feré : « Prostituées et criminels, dit-il, ont pour caractère commun d'être des improductifs et par conséquent des antisociaux .» (*Dégénérescence et criminalité*, p. 77.) Il me paraît difficile qu'on puisse

---

[1] On a prétendu qu'une question analogue fut agitée dans un concile provincial de Mâcon et que des membres de ce concile se demandèrent si la femme avait une âme. L'inexactitude de cette allégation a été démontrée par Gorini (t. III, p. 463) et par le P. Gratry, *Lettres sur la religion*, p. 90.

assimiler la prostitution à un attentat contre la vie ou à un attentat contre la propriété d'autrui ; il me paraît plus exact de la comparer au vagabondage. Les causes qui conduisent les femmes à la prostitution sont à peu près les mêmes que celles qui conduisent les hommes au vagabondage ; je dis à peu près les mêmes, car indépendamment de la paresse, de l'amour du luxe et du plaisir, qui entraînent les femmes à la prostitution, combien y sont amenées par la faute des hommes, qui les abandonnent lâchement après les avoir séduites ! Combien de maîtres abusent de leurs servantes ! Combien d'ouvrières, d'employées de magasins sont *trompées* par leurs patrons, par des fils de famille et jetées par eux sur le pavé des grandes villes !

Ne pouvant méconnaître que la femme commet moins de crimes que l'homme, plusieurs criminalistes ont prétendu que « ce fait ne prouve nullement que la femme soit moins poussée au crime que l'homme ; car quand (*sic* le crime est pour ainsi dire à la portée du sexe faible, il le commet bien plus fréquemment que le sexe fort (*Revue de philosophie positive*, numéro de septembre-octobre 1880, p. 212.) Ces criminalistes font remarquer que beaucoup de crimes sont impossibles pour la femme, notamment les crimes résultant d'une profession (tels que faux en écriture authentique, concussion, abus de confiance qualifiés) et les crimes qui exigent la force physique (tels que les vols à main armée, les meurtres, les coups et blessures, etc.). Cette observation est exacte, mais il faut ajouter que ces crimes, impossibles pour la femme, sont compensés par d'autres crimes, qui ne sont possibles que pour elle, tels que l'infanticide et l'avortement. Pour comparer la criminalité de la femme à celle de l'homme, il faut prendre des crimes, qui sont également à la portée de l'un et de l'autre sexe, tels que l'incendie, l'empoisonnement, l'assassinat, le vol, l'abus de confiance, les délits de parole et l'adultère.

Incendies. — En 1887, le nombre des accusés renvoyés devant les cours d'assises pour crimes d'incendie a été de 232 : on comptait 179 hommes et 53 femmes. En 1886, sur 198 accusés d'incendie, il y a eu 156 hommes et 42 femmes. Ces incendies ont surtout pour cause la cupidité ou la vengeance. En 1886, 21 crimes d'incendie ont été commis par des propriétaires assurés pour toucher des primes d'assurance. Le nombre de ces accusés se composait de 19 hommes et de 2 femmes. La même année, 20 incendies ont été allumés méchamment par des domestiques ou ouvriers congédiés et mécontents : 16 de ces crimes ont été commis par des hommes et 4 seulement par des femmes.

Empoisonnements. — Les anciens avaient déjà observé que le crime d'empoisonnement est commis plus souvent par les femmes que par les hommes. (Tite Live, 1ʳᵒ décade, 8ᵉ livre.) En 1887, sur 9 empoisonnements, 6 ont été commis, par des femmes et 3 par des hommes. En 1886, sur 10 accusés d'empoisonnement, il y avait 4 hommes et 6 femmes..Habituellement les deux tiers des empoisonnements sont commis par des femmes. Mais il faut observer que le nombre de ces crimes est très restreint, et que depuis cinquante ans il n'a cessé de décroître. De 1836 à 1840, il y avait en moyenne 50 accusés d'empoisonnement par an. De 1876 à 1880, ce nombre est descendu à 16, et nous venons de voir qu'en 1887 il n'a plus été que de 9. Au contraire, les crimes d'incendie, qui sont le plus souvent commis par les hommes, ont beaucoup augmenté. De 1826 à 1830, le nombre moyen des accusés d'incendie était par an de 103 ; il a été de 206 de 1876 à 1880 ; en 1887, il a été de 232. Le nombre des incendies volontaires a tellement augmenté et il est tellement difficile à la justice de trouver le coupable, que les compagnies d'assurance ne veulent plus accepter de contrats d'assurance dans certaines localités.

Assassinats. — En 1887, il y a eu 295 accusés d'assassinat dont 248 hommes et 47 femmes. En 1886, sur 291 accusés d'assassinat, on comptait 248 hommes et 43 femmes.

On m'objectera peut-être que l'assassinat exige une grande force physique, et que par suite il ne peut être commis par le sexe faible ; cette explication n'est pas entièrement satisfaisante. En effet, le nombre des accusés d'assassinat comprend, non seulement, les auteurs principaux, mais encore les complices. Or, si la faiblesse physique de la femme lui permet difficilement de jouer le rôle d'auteur principal, elle ne s'oppose pas au rôle de complice. La complicité peut s'exercer de mille manières, qui n'exigent pas l'emploi de la force ; ainsi la femme peut fournir l'instrument du crime, donner des instructions pour le commettre, prêter aide et assistance à l'auteur principal.

Vols, escroqueries, abus de confiance. — Le vol est assurément à la portée de la femme ; cependant il résulte des statistiques qu'elle commet beaucoup moins de vols que l'homme. En 1887, sur 46 285 prévenus de vols simples, il y avait 35 687 hommes et 10 598 femmes. En 1886, sur 44 720 prévenus de vols simples, on comptait 34 641 hommes et 9679 femmes. La même différence s'observe pour les vols domestiques : 138 hommes ont été de ce chef renvoyés devant la cour d'assises, alors qu'on n'a poursuivi pour le même crime que 49 femmes. Cependant je crois qu'il y a plus de domestiques du sexe féminin que du sexe masculin.

Le nombre des escroqueries et des abus de confiance commis

par les hommes est aussi beaucoup plus considérable que celui des mêmes délits commis par les femmes. Ainsi en 1886, il y a eu 3596 hommes poursuivis pour escroqueries, et seulement 681 femmes. 3712 hommes prévenus d'abus de confiance et 467 femmes prévenues du même délit.

Quetelet a prétendu que « la femme, sans doute par le sentiment de sa faiblesse, commet plutôt les crimes contre les propriétés que les crimes contre les personnes. » (*Physique sociale*, t. II, p. 313.) C'est le contraire qui résulte des statistiques criminelles, notamment de celle de 1880 qui résume les statistiques de 1826 à 1880 (p. 27).

La cupidité me paraît beaucoup plus grande chez l'homme que chez la femme ; cette observation n'a point échappé aux moralistes anciens. Mahomet, lui-même, qui proclame la supériorité de l'homme sur la femme, conseille à celle-ci d'abandonner à son mari, sa dot, pour se le concilier, lorsqu'elle craint des actes de violence ou de dédain de sa part : « Les âmes des hommes, dit-il, sont livrées à l'avarice. » (*Le Coran*, IV, 127.) Ne voyons-nous pas cet esprit de cupidité se manifester tous les jours, de préférence chez les hommes, non seulement chez les criminels, par des vols, des escroqueries, mais encore chez les hommes, dits honnêtes par la recherche de la fortune, *per fas et nefas?* Saint Augustin, il est vrai, a dit que les femmes sont plus attachées que l'homme à l'argent, *tenaciores solent esse pecuniæ;* il raconte que dans les premiers temps du christianisme un grand nombre de fidèles laissaient ignorer de leurs femmes les aumônes qu'ils faisaient ; interprétant librement la maxime qu'il faut laisser ignorer à la main gauche ce que fait la main droite, ils supposaient que la main gauche désigne la femme. Il n'est point impossible que de nos jours des maris imitent les fidèles des premiers siècles, en laissant ignorer à leurs femmes les aumônes qu'ils font. Mais, dans cet attachement de la femme à l'argent du ménage, il faut voir plutôt un esprit excessif d'économie qu'un esprit de cupidité. Chargée de régler les dépenses multiples de chaque jour, la femme, en général, connaît mieux que l'homme le prix de l'argent, qui sert à l'entretien de la famille ; mais ayant moins que l'homme des besoins factices, tels que l'usage du tabac et des liqueurs, elle est moins dominée par la cupidité, qui conduit au crime.

Adultères. — On a écrit que l'adultère était plus souvent commis par la femme que par l'homme. Cette assertion paraît exacte au premier abord si on consulte les statistiques. En effet, en 1887, par exemple, on a poursuivi pour adultère 883 femmes et 843 hommes ; en 1886, 865 femmes et 822 hommes. Faut-il en conclure que la fidélité conjugale est plus souvent méconnue par la femme que par l'homme? Nullement, parce que, en cette matière comme sur bien d'autres, la statistique a besoin d'être consultée avec discernement et d'être rapprochée des articles du Code pénal. En effet, il ne faut point oublier que l'homme et la femme ne sont point placés, à ce point de vue, par le Code pénal sur un pied d'égalité. Aux termes de l'article 339, l'adultère du mari ne constitue un fait punissable que s'il a été commis avec une concubine entretenue dans la maison conjugale. Pour que l'adultère du mari soit un délit, il faut : 1° l'entretien d'une concubine; un fait isolé d'adultère ne constitue pas l'entretien (voy. Dalloz, 1861, I, 345); 2° l'entretien de la concubine dans le domicile conjugal. Si ces deux conditions ne sont pas réunies, l'adultère du mari reste impuni; c'est-à-dire que le plus grand nombre des faits d'adultère commis par les hommes ne tombent pas sous l'application de la loi. On peut trouver, non sans raison, que cette impunité habituelle accordée par le législateur au mari blesse la morale et le sentiment de l'égalité devant la loi. Mais les lois étant faites par les hommes, il est arrivé plus d'une fois qu'ils les ont faites dans leur intérêt, sans se soucier beaucoup de l'égalité des sexes. Cicéron en faisait déjà l'observation à propos de la loi Voconia, « loi rendue dans l'intérêt des hommes, et qui est pleine d'injustice pour les femmes ». (*De la République*, iii, § 10.) — En outre, aux termes de l'article 338 du Code pénal, la justice peut établir l'adultère de la femme par tous les modes de preuves, tandis que les seules preuves admises contre le complice sont celles qui résultent du flagrant délit ou de lettres et autres pièces écrites par le complice. De plus, aux termes de l'article 339, l'adultère du mari n'est puni que d'une amende, tandis que celui de la femme entraîne une peine de trois mois à deux ans d'emprisonnement (art. 337). Est-ce de l'égalité[1]?

La loi romaine et l'ancien droit français ne permettaient même en aucun cas aux femmes d'accuser les maris d'adultère (voy. Jousse). En même temps que la loi assurait l'impunité au mari, elle punissait, sous l'ancien régime, la femme de deux ans de détention dans un couvent. Si, après cet intervalle, le mari ne la reprenait pas, elle était rasée et gardée dans le couvent le reste de ses jours. Quant au complice de la femme, la peine était l'admonition ou blâme avec dommages-intérêts, lorsque c'était la femme qui avait séduit l'homme, ou lorsqu'ils s'étaient séduits tous les deux. La

[1] Dans le nouveau code pénal des Pays-Bas, cette inégalité a été supprimée; d'après l'article 241, « est punie d'un emprisonnement de six mois au plus, la personne mariée qui commet un adultère ».

peine était le bannissement lorsque c'était l'homme qui avait séduit la femme. Enfin, lorsque l'adultère était commis « par les valets, serviteurs ou facteurs, domestiques ou métayers, avec leurs maîtresses », la peine de mort était prononcée contre ce complice.

Dans la législation hébraïque, l'adultère était puni de mort. (Deutéronome, XXII, 22.) Manou faisait dévorer la femme infidèle par des chiens, dans une place très fréquentée, et faisait brûler le complice sur un lit de fer chauffé à rouge (VIII, p. 371-372). Chez les anciens Egyptiens, « celuy qui estoit surpris et trouvé en adultère volontaire estoit fessé et fouetté de mille coups de verges, et à la femme le nez coupé, afin que le visage diffamé de la marque d'incontinence reçût honte et déshonneur au même endroit où la face devrait être plus agréable ». (Diodore de Sicile, 51, traduction d'Amyot.) Chez les Germains, la femme adultère, nue et les cheveux rasés, était chassée de la maison par le mari qui la promenait en la frappant à travers le village. (Tacite, 19.)

Chez les anciens peuples, les adultères paraissent avoir été beaucoup plus nombreux que chez les peuples chrétiens. Le législateur avait si peu de confiance dans la vertu de la femme, qu'il la réputait coupable d'adultère sur les plus légers indices et faisait, par exemple, résulter la preuve de l'adultère des actes suivants : « Etre aux petits soins auprès d'une femme, lui envoyer des fleurs et des parfums, folâtrer avec elle, toucher sa parure ou ses vêtements et s'asseoir avec elle sur le même lit. » (*Lois de Manou*, VIII, p. 256.) Par contre et par exception, les femmes barbares paraissent avoir observé, dans leurs mœurs, une pureté admirable. « Elles vivent, dit Tacite, enveloppées de chasteté, sans contact corrupteur avec les séductions des spectacles, les excitations des festins. Les hommes et les femmes ignorent également le commerce mystérieux des lettres. Dans cette nation si nombreuse les adultères sont très rares... Personne, chez ce peuple, ne rit des vices; être corrompu ou corrompre ne s'appelle point la mode du siècle. On trouve encore plus de vertu dans les cités, où les vierges seules se marient et où il n'est permis qu'une seule fois à la femme de former l'espérance et le vœu d'être épouse. De même qu'elle n'a qu'un seul corps, qu'une seule âme, elle prend un seul époux... Sa pensée, son désir, ne vont pas au delà, et dans l'être auquel elle s'unit, ce n'est pas pour ainsi dire le mari, mais le mariage qu'elle aime. Limiter le nombre des enfants... est regardé comme un crime. » (*Mœurs des Germains*, 19).

Jusqu'à ces dernières années, le nombre des adultères, en France, poursuivis devant les tribunaux correctionnels n'avait pas été très considérable. De 1826 à 1830, le nombre des affaires d'adultère était en moyenne de 53 par an. Depuis lors, il n'a cessé d'augmenter. La loi qui a rétabli le divorce a eu pour effet de tripler le nombre des adultères. « Leur nombre n'avait été que de 371 en 1883, avant la loi qui a rétabli le divorce; il s'est élevé à 668 en 1884, à 851 en 1885, et à 907 en 1886. » (*Statistique criminelle pour l'année* 1886.) Cette progression a continué en 1887, où le nombre des délits d'adultère a été de 921. Je crois que cette progression continuera les années suivantes. En résumé, de 1830 à 1887, le nombre des affaires d'adultère est devenu dix-huit fois plus grand.

Sur 3100 prévenus poursuivis en 1887 pour outrages publics à la pudeur, on comptait 2523 hommes et 577 femmes.

Délits de paroles. — Voici assurément des délits qui sont à la portée de la femme. Les hommes se plaisent à faire remarquer son bavardage. « La femme, dit M. Delaunay, est plus bavarde et plus peureuse que l'homme, de même que la chienne est plus aboyeuse et plus peureuse que le chien. » (*Revue scientifique*, 1881.) — (Oh! qu'en termes galants ces choses-là sont dites!) La Fontaine, qui n'aime pas beaucoup le sexe féminin, avait déjà fait ressortir ce travers dans une de ces fables :

> Rien ne pèse tant qu'un secret,
> Le porter loin est difficile aux dames.

Il est vrai qu'il ajoute :

> Et je sais même sur ce point
> Bon nombre d'hommes qui sont femmes.

Cependant les hommes, qui se plaisent à faire ressortir le bavardage de la femme, ne devraient point oublier qu'ils exercent avec succès un certain nombre de professions qui ne sont pas exemptes de bavardage et que, d'après les statistiques criminelles, ils commettent beaucoup plus souvent que les femmes des délits de parole. Ainsi, en 1886, sur 3186 prévenus de diffamation et d'injures, il y avait 2222 hommes, 964 femmes; sur 13272 prévenus d'outrages, il y avait 11625 hommes, 1647 femmes; sur 182 prévenus de dénonciations calomnieuses, il y avait 162 hommes, 20 femmes; sur 430 prévenus de menaces, il y avait 379 hommes, 51 femmes.

Si l'on consulte les anciennes législations, on voit que le témoignage de la femme inspirait autrefois peu de confiance aux législateurs : « Le témoignage unique d'un homme exempt de cupidité est admissible dans certains cas, dit Manou, tandis que celui d'un grand nombre de femmes même honnêtes ne l'est pas (à cause de l'inconstance de l'esprit des femmes), non plus que celui des hommes qui ont commis des crimes [1] ». (*Lois de Manou*, liv. VIII, vers. 77.) Aujourd'hui le témoignage de la femme en justice me paraît mériter autant et plus de confiance que celui de l'homme. Il ressort même des statistiques criminelles que les hommes commettent plus souvent que les femmes des faux témoignages. Ainsi, en 1885, sur 158 prévenus de faux témoignage, il y avait 123 hommes et 35 femmes ; en 1886, sur 109 prévenus du même délit, on comptait 88 hommes et 21 femmes.

Crimes contre l'enfant. — Les statistiques criminelles font connaître que la femme commet beaucoup plus de crimes contre l'enfant, parce qu'elles ne comprennent dans cette catégorie que l'infanticide, l'avortement et la suppression d'enfants, qui sont évidemment des crimes spéciaux à la femme. Ainsi, en 1886, sur 182 accusés d'infanticide, il y avait 9 hommes et 173 femmes ; sur 63 accusés d'avortement, il y avait 8 hommes et 55 femmes ; sur 27 accusés de suppression d'enfant, il y avait 4 hommes, 23 femmes.

Evidemment, pour ces crimes, il n'y a pas de rapprochement à établir entre l'homme et la femme, pas plus qu'il ne faut en chercher dans les crimes spéciaux à l'homme, tels que ceux qui résultent de l'exercice d'une profession spéciale à l'homme.

Cependant, même au point de vue des crimes commis contre l'enfant, j'estime que la criminalité de la femme est moins forte que celle de l'homme, si on comprend dans cette catégorie les viols et les attentats à la pudeur commis sur des enfants. Est-ce que ces attentats ne sont pas des crimes contre l'enfant et des crimes dont les conséquences sont souvent plus effroyables que la mort? Si on comprend au nombre des crimes contre l'enfant les attentats de ces misérables qui souillent les enfants, leur communiquent souvent des maladies vénériennes et empoisonnent leur corps et leur âme, on trouvera que la criminalité de l'homme est supérieure à celle de la femme. En effet, en 1886, par exemple, sur 645 viols et attentats à la pudeur sur des enfants au-dessous de 15 ans, 641 ont été commis par des hommes. Quelquefois même l'homme assassine l'enfant qu'il vient de violer ; chaque année on compte un certain nombre de viols suivis d'assassinat.

Excitation des mineurs à la débauche. — Il est vrai que,

---

[1] Ce n'est que chez les peuples chrétiens que le témoignage de la femme a la même valeur que le témoignage de l'homme. En droit musulman, aux termes de l'article 355 du code ottoman, le témoignage d'un homme vaut celui de deux femmes. Combien J. de Maistre avait raison de dire : « La femme est plus que l'homme redevable au christianisme. C'est de lui qu'elle tient toute sa dignité. » (*Du Pape*, p, 304.)

en 1886, sur 396 prévenus d'excitation à la débauche, il y avait
148 hommes et 248 femmes; on voit même quelquefois des mères
qui favorisent la débauche de leurs propres enfants! Il semble que
la perversité de l'homme ne peut aller jusque-là; elle la dépasse
cependant, car il y a des hommes qui abusent de leurs enfants!
Les statistiques criminelles ne mentionnent pas ces attentats
monstrueux, mais ils ne sont pas très rares. Pour les réprimer
plus complètement, la loi du 13 mai 1863 a dû édicter une dispo-
sition nouvelle, qui a été mise à la suite de l'article 331.

Récidives. — On a écrit que la femme a plus de peine que
l'homme à revenir au bien. « Facile à entraîner dans le mal, dit
M. Franck, si elle n'est munie de fortes convictions et de pro-
fondes habitudes appuyées sur des traditions religieuses ou des
traditions de famille, elle résiste plus que l'homme aux tentatives
qui ont pour but de la ramener au bien et à son propre repentir. »
(*Journal des savants*, décembre 1889.) » Les constatations qui
résultent des statistiques criminelles me paraissent contraires à
cette assertion. Les rechutes sont moins fréquentes chez les
femmes que chez les hommes. Sur 100 hommes libérés en 1866,
43 ont été poursuivis de nouveau en 1867 et 1868; sur 100 femmes
libérées à la même époque, il n'y a eu que 27 récidivistes. En 1875,
sur 3260 hommes accusés condamnés, on comptait 1707 récidivistes; sur 555 femmes accusées condamnées, il n'y avait que
111 femmes récidivistes, c'est-à-dire la moitié des récidivistes
pour les hommes et le cinquième pour les femmes. Le compte
criminel de 1876 constate que, à l'égard des jeunes détenus
libérés, la récidive est deux fois plus fréquente chez les garçons
que chez les filles; elle est de 16 0/0 pour les garçons et de 7 0/0
pour les filles. Si la récidive est beaucoup moins fréquente chez
la femme que chez l'homme, c'est qu'elle a moins de peine que
l'homme à revenir au bien.

Causes de la criminalité féminine. — La principale cause de
la criminalité féminine est le désordre des mœurs. Le compte
criminel de 1860, qui résume les dix années précédentes, constate
que, sur 100 femmes accusées, il y en avait 25 ayant eu des enfants
naturels ou ayant vécu notoirement dans le désordre. *Mulier
amissa pudicitia nihil abnuerit*. Ainsi que je l'ai entendu dire à
la cour d'assises à un avocat distingué du barreau d'Aix, M. de
Séranon, la pudeur chez la femme est comme le fil qui retient
toutes les perles d'un collier; coupez le fil, toutes les perles
tombent. Le désordre des mœurs n'engendre pas seulement un
grand nombre de crimes contre les mœurs, il conduit aussi à
beaucoup d'autres attentats (assassinat, empoisonnement, infan-

ticide, avortement). Lorsque la femme se laisse dominer par un amour violent, « un délire où n'atteignirent jamais au jour de l'accouplement les bêtes sauvages et les brutes » (Eschyle), elle peut songer à se défaire de son mari. La faute qu'elle commet lui inspire à son égard une aversion insurmontable ; dans ce cas, plus le mari est doux, affectueux, plus sa femme le déteste et le prend en horreur. Il est naturel à l'homme de haïr ceux qu'il a offensés. (Tacite, *Vie d'Agricola*, 42.) Les anciens avaient déjà observé que la femme adultère est quelquefois tentée d'empoisonner son mari. La plus étonnante affaire d'empoisonnement de ce genre que je connaisse a été jugée en 1868 par la cour d'assises des Bouches-du-Rhône. Les débats auxquels j'ai assisté ont révélé des faits incroyables : un herboriste tenait à Marseille boutique ouverte de poisons à l'usage des femmes qui voulaient se débarrasser de leurs maris pour s'adonner plus librement au libertinage. Il ne fut découvert que par l'indiscrétion d'une femme qui, ayant l'habitude de faire le même commerce, avait dénoncé l'herboriste, pour faire cesser cette concurrence. La débauche change en très peu de temps le caractère de la femme. Parmi les accusées d'empoisonnement qui furent jugées à Aix dans l'affaire de 1868 se trouvait une jeune femme qui, quelques années auparavant, avait obtenu un prix de vertu. La fille Boyer, qui a été condamnée dernièrement aux travaux forcés à perpétuité pour parricide, avait songé deux ans auparavant à se faire religieuse.

L'adultère ne fait pas seulement oublier à la femme ses devoirs d'épouse, elle lui fait quelquefois méconnaître ses devoirs de mère. Pour suivre un amant, elle ira jusqu'à abandonner ses enfants, en emportant les ressources du ménage, semblable aux animaux qui abandonnent leurs petits, et quelquefois même les battent et les tuent, pour se livrer librement à de nouvelles amours. J'ai eu à exercer des poursuites contre une femme qui avait abandonné trois jeunes enfants dans un hangar pour se livrer au libertinage ; elle ne venait qu'une fois par jour leur jeter du pain par une ouverture. Lorsque je me transportai sur les lieux avec le juge d'instruction, je trouvai les enfants presque nus, se roulant sur la paille souillée de leurs ordures ; la faim, le froid, la séquestration, les souffrances de toute sorte qu'ils avaient endurées, les avaient rendus presque idiots ; l'un d'eux avait les pieds atteints par la gangrène. Dans les descentes judiciaires que j'ai faites, j'ai été souvent témoin de spectacles affreux, j'ai eu à constater un assassinat de quatre personnes appartenant à la même famille, égorgées comme des moutons par une bande d'Italiens ; mais assurément le spectacle de ces quatre cadavres était moins horrible que celui de ces trois pauvres petits enfants abandonnés par leur mère. Combien Lacordaire avait raison de faire observer que la débauche rend l'homme et la femme féroces, qu'elle éteint tous les bons sentiments et inspire des actes inouïs de cruauté!

Si je voulais décrire aussi les crimes que la débauche fait commettre aux hommes, quel lamentable tableau d'actes de cruauté et de lubricité ne me faudrait-il pas dérouler! On serait quelquefois tenté d'emprunter à M. Taine sa définition de l'homme « un être lubrique et féroce ». Mais il faut se hâter d'ajouter que le nombre de ces êtres lubriques et féroces n'est qu'une exception, à côté du grand nombre d'hommes et de femmes qui vivent honnêtement et font le bien.

On sait que la cupidité inspire à l'homme encore plus de crimes et de délits que la débauche. De 1826 à 1860 il a été commis 2226 assassinats, meurtres, incendies et empoisonnements pour faciliter des vols ou en assurer l'impunité (*Statistique criminelle*, 1860, p. 44), 812 crimes semblables ont été commis pour hâter l'ouverture des successions, assurer l'effet de donations ou testaments. La part prise par les femmes à ces crimes est beaucoup moins considérable que celle qui revient à l'homme. La femme qui commet des attentats contre la vie d'autrui agit plutôt par passion que par cupidité.

Type de la femme criminelle. — Quelques écrivains appartenant à l'école d'anthropologie criminelle ont prétendu que la femme criminelle révélait son caractère par des signes extérieurs. « Ce qui distingue, dit M. le docteur Lombroso, les criminelles des femmes normales et surtout des folles, c'est l'abondance extrême de la chevelure, 39 sur 122; je n'en ai pas trouvé une seule chauve, et 3 homicides seulement sur 122 avaient prématurément les cheveux blancs. » (*L'homme criminel*, p. 238.) Que les femmes qui ont une abondante chevelure se rassurent et que celles qui sont atteintes de calvitie ne se hâtent pas de s'attribuer le monopole de la vertu : les constatations de M. le docteur Lombroso s'expliquent tout simplement parce que les accusées sont en général presque toujours jeunes. M. le docteur Lombroso signale aussi comme un indice de criminalité la couleur noire des cheveux; les cheveux noirs sont, d'après lui, plus fréquents que les cheveux blonds chez les femmes criminelles. Quoi d'étonnant à cela quand les observations portent sur des Italiennes? Si M. Lombroso avait examiné les femmes du Nord, n'aurait-il pas observé, chez les femmes criminelles, plus de cheveux blonds que de cheveux noirs? Ce prétendu type de la femme criminelle, tiré de l'abondance et de la couleur des cheveux, est vraiment tiré par les cheveux et de pure fantaisie.

Faut-il mesurer la moralité des deux sexes uniquement par les statistiques criminelles? — S'il fallait juger de la moralité des deux sexes uniquement par les statistiques criminelles, la moralité de la femme serait sept fois plus grande que celle de l'homme, puisque l'homme commet sept fois plus de crimes que la femme. Mais les crimes et les délits ne sont pas les seuls actes coupables ; il y a beaucoup d'actions immorales qui ne tombent pas sous l'application de la loi pénale. Ainsi, souvent la femme pousse l'homme à commettre des actes délictueux, dont le profit sera pour elle, tout en ayant soin de ne prendre à ces actes aucune participation directe et d'éviter toute responsabilité légale. Combien d'hommes se perdent, pour vouloir procurer aux femmes légitimes et illégitimes des satisfactions de luxe, de toilette, de vanité! Voilà pourquoi, dans les affaires qui leur sont soumises, les magistrats ont l'habitude de « chercher la femme » qui a inspiré la culpabilité de l'homme. On peut donc affirmer que les statistiques ne contiennent pas toute la vérité et qu'un certain nombre de femmes *moralement* complices des crimes et délits commis par les hommes échappent à la répression uniquement parce que leur culpabilité n'a pas revêtu un caractère *juridique*.

Mais, d'un autre côté, si des hommes se rendent coupables, sous l'influence et dans l'intérêt des femmes, combien de femmes sont entraînées au crime par les hommes! Que de fois la femme devient la complice de son mari, à l'instigation de ce dernier! Que de fois la jeune fille séduite commet le crime d'infanticide et d'avortement sur les conseils de son amant, qui a soin de ne prendre aucune part à l'acte criminel! A la dernière session de la cour d'assises des Bouches-du-Rhône, j'ai même vu un homme marié qui avait dénoncé sa maîtresse pour un avortement qu'il avait lui-même provoqué, espérant par cette lâche dénonciation se soustraire à toute poursuite et rejeter sur la femme toute la responsabilité du crime. Si, pour se venger d'un amant infidèle, la femme abandonnée n'hésite pas quelquefois à le dénoncer pour un crime commis ensemble, dût-elle se perdre elle-même, par contre il n'est pas rare de voir des accusées assumer toute la responsabilité d'un crime commis avec un complice, afin de le faire acquitter. J'en ai vu des exemples.

En résumé, en admettant, ce que je crois, qu'on ne doive pas juger uniquement de la moralité de l'homme et de la femme par le nombre des crimes commis par les deux sexes, la criminalité de l'homme est tellement supérieure à celle de la femme, qu'il est impossible de ne pas reconnaître à la femme une réelle supériorité morale.

Causes de la supériorité morale de la femme. — Comment donc expliquer la supériorité morale de la femme, qui est, cependant, moins instruite que l'homme? On sait que Victor Hugo aimait à dire qu'en ouvrant une école on ferme une prison, tant il était convaincu, comme Socrate, qu'il suffit d'instruire les hommes pour les rendre meilleurs. « Plus il y aura d'écoles, dit aussi M. Fouillée, moins il y aura de prisons. Plus la science fait de progrès, plus elle reconnaît que le criminel est souvent un insensé, souvent un ignorant. » (*La Science sociale*, p. 322.) Pour quelques philosophes contemporains, l'instruction est « une panacée universelle, qui doit tout à la fois prévenir et guérir les tendances aux crimes. » (*Revue de philosophie positive*, nov.-déc. 1880, p. 386. Docteur Buchner, *Force et matière*, p. 499.) Au dix-huitième siècle aussi, on avait singulièrement exagéré la puissance moralisatrice de l'instruction. Helvétius considérait la vertu comme le résultat de l'instruction et le vice comme le produit fatal de l'ignorance. D'Holbach allait jusqu'à écrire que « l'homme sans culture et sans expérience est un être aussi dépourvu de raison et d'industrie que la brute. » (*Le Bon sens*, p. 110.) Des naturalistes croyaient qu' « avec de l'instruction et du temps on ferait des orangs des hommes civilisés. » (Flourens, *des Études vraies sur le cerveau.*) L'expérience est venue donner un cruel démenti aux espérances excessives que l'on fondait sur les progrès de l'instruction. On a ouvert beaucoup d'écoles, mais on n'a pas encore fermé une prison; on est même obligé de construire de nouvelles prisons ou d'agrandir les anciennes pour loger les criminels, dont le nombre grandit toujours, et pour se débarrasser des récidivistes, on a été obligé de faire voter une loi nouvelle qui permet de les reléguer.

Assurément, l'instruction qui s'appuie sur la morale et sur la religion contribue puissamment aux progrès de la moralité. Mais « la science par elle-même n'est pas nécessairement bonne; elle est certainement une puissance pour le mal autant que pour le bien. » (D' Maudsley, *Revue philosophique*, 1884, p. 450.) C'est un instrument dont l'homme peut faire un bon ou mauvais usage. Quel mal ne font pas sur les jeunes gens et surtout sur les jeunes filles et les jeunes femmes les mauvaises lectures! Que de fois j'ai constaté, dans les affaires criminelles, que les mauvaises lectures avaient conduit les accusées aux mauvaises mœurs et de l'immoralité à des actes délictueux! Comment la science et surtout l'enseignement élémentaire ou secondaire, qui est loin de donner la science, pourraient-ils produire la moralité, qui est surtout le résultat des bons sentiments, d'une volonté droite, alors qu'ils ne donnent pas le simple bon sens? Ne rencontre-t-on pas souvent chez des illettrés, des paysans, des ouvriers, une solidité de jugement, une droiture d'esprit que pourraient leur envier bien des bacheliers? Il ne faut donc pas s'étonner que la femme, quoique moins instruite que l'homme, commette moins de crimes, parce que la moralité ne suit pas la culture intellectuelle et qu'elle peut exister au plus haut degré chez les illettrés. Qui n'a pas rencontré des paysans, des ouvriers, de pauvres femmes sans instruction, pratiquant les plus admirables vertus? Lorsqu'un enfant tombe à l'eau, lorsqu'un cheval s'emporte et va écraser un vieillard, qui se jette à l'eau pour sauver l'enfant, qui se précipite sur le cheval pour l'arrêter? Est-ce toujours l'homme instruit, occupant une haute situation sociale? N'est-ce pas le plus souvent un pauvre ouvrier qui n'a pas eu besoin, pour avoir du cœur, de lire Platon ou Aristote? L'acte de dévouement est plutôt le résultat d'un bon mouvement que d'une grande culture intellectuelle. Les marins, les soldats, les pêcheurs, qui risquent leur vie pour sauver un camarade, les vieilles servantes qui se dévouent à leurs maîtres, les bonnes femmes de la campagne qui soignent les malades, recueillent les enfants laissés par une voisine pauvre, tous ces pauvres d'argent et d'esprit sont souvent plus riches de cœur que les lettrés. Si, malgré une instruction inférieure à celle de l'homme, la femme me paraît supérieure en moralité, c'est parce qu'elle se laisse conduire par le sentiment. Le cœur, sans doute, a ses dangers, mais ils sont moins grands que ceux que fait courir à l'homme une raison obscurcie par les sophismes d'une science incomplète et prétentieuse.

La vie intérieure que mène la femme, s'occupant des soins du ménage, de l'éducation des enfants, l'expose à moins de dangers que la vie extérieure. L'enfant est l'ange gardien de la femme. Il faut qu'une femme soit arrivée à un degré de perversité peu commune pour avoir une pensée coupable devant ses enfants. Les anciens Romains, soucieux de la vertu de leurs femmes, se montraient très préoccupés des dangers que leur faisait courir la vie extérieure et leur imposaient la vie intérieure, vec une sévérité excessive. Valère Maxime raconte que plusieurs femmes furent répudiées, l'une pour avoir assisté, à l'insu de son mari, à des jeux publics; l'autre pour avoir été vue s'entretenant mystérieusement dans la rue avec une affranchie de mauvaises mœurs. « Cette attention de nos pères, dit-il, à prévenir les fautes des femmes, leur en ôtait jusqu'à la pensée. » (L. VI, p. 3.)

Elle resta chez elle et fila de la laine,

paraît avoir été pour l'ancien Romain le résumé des devoirs de la femme.

On voit aussi chez l'ancien législateur des Hindous la même pensée, lorsqu'il conseille au mari d'occuper l'esprit de sa femme en lui « assignant pour fonctions la recette des revenus et la dépense, la purification des objets et du corps, l'accomplissement de son devoir, la préparation de la nourriture et l'entretien des ustensiles du ménage ». (*Lois de Manou*, IX, p. 11.) Pour Manou, les devoirs de la femme se résument en ces termes : « mettre au jour des enfants, les élever lorsqu'ils sont venus au monde, s'occuper chaque jour des soins domestiques. » (IX, p. 27.) N'y a-t-il pas une grande analogie entre ce passage et les vers de Molière :

> Former aux bonnes mœurs l'esprit de ses enfants,
> Faire aller son ménage, avoir l'œil sur ses gens,
> Et régler la dépense avec économie,
> Doit être son étude et sa philosophie?

Une autre raison de la différence qui existe entre la criminalité de l'homme et celle de la femme vient de ce que celle-ci exerce un petit nombre de métiers et de professions. Les professions qui rendent à l'homme le très grand service de le préserver de l'oisiveté et de lui procurer des ressources l'exposent par contre à un certain nombre de délits. Le commerçant gêné dans ses affaires est tenté de se procurer des fonds par un faux, un abus de confiance; le notaire, qui a acheté fort cher son étude, voulant augmenter le rendement de son office par des spéculations prohibées, est exposé à se servir de l'argent de ses clients et peut se trouver dans l'impossibilité de le restituer, etc., etc. Ces tentations, la femme ne les connaît pas.

La femme voyage moins que l'homme; habituellement elle reste dans le pays où elle est née, sous la surveillance de ses parents, de ses voisins, tandis qu'un grand nombre d'hommes abandonnent de bonne heure la maison paternelle et sont privés trop tôt des conseils, de la surveillance de leurs parents.

On sait que le mariage exerce une influence moralisatrice sur l'homme et sur la femme. D'une manière générale, les célibataires des deux sexes commettent beaucoup plus de crimes que les personnes mariées. Mais l'influence moralisatrice du mariage se fait sentir encore plus vivement sur la femme. Restée veuve, elle se consacrera à l'éducation de ses enfants avec plus de dévouement que l'homme. « Ce sont les veufs, au contraire, qui par rapport à leur nombre dans la population générale, donnent le plus fort contingent d'accusés. » (*Statistique criminelle*, 1881, p. 10. Voy. aussi *Statistique* de 1880.) Les veufs commettent notamment beaucoup de viols et d'attentats à la pudeur. En 1879, par exemple, sur 215 veufs accusés, 121 avaient été poursuivis pour crimes contre les mœurs. Les veuves, au contraire, ne commettent pas plus de crimes et de délits que les femmes mariées [1].

J'attribue aussi aux progrès de l'alcoolisme un nombre considérable de crimes et délits commis par les hommes et dont les femmes sont naturellement préservées, par cela seul qu'elles ne fréquentent pas les cabarets. La statistique de 1887 attribue notamment aux progrès de l'alcoolisme l'augmentation très notable des délits de coups et blessures; le nombre en était de 16 025 dans la période de 1871-1875; il s'est élevé à 21 065 en 1887. D'après cette même statistique, la consommation de l'alcool a triplé; aussi le nombre des cas de folie produit par l'alcoolisme a doublé, le dixième des suicides est attribué à l'ivrognerie; sur 8202 suicides, 820 en 1887 ont été causés par l'abus des spiritueux. L'alcoolisme a déterminé encore le vingtième des morts accidentelles. C'est au moment où l'ivrognerie fait courir à la santé et à la moralité publique des dangers si inquiétants que M. Renan en prend la défense dans les termes suivants : « Les sociétés de tempérance, dit-il, reposent sur d'excellentes intentions, mais sur un malentendu. Au lieu de supprimer l'ivresse pour ceux qui en ont besoin, ne vaudrait-il pas mieux essayer de la rendre douce, aimable, accompagnée de sentiments moraux? Il y a tant d'hommes pour lesquels l'heure de l'ivresse est, après l'heure de l'amour, le moment où ils sont le meilleurs. » (*Journal des Débats*, 7 octobre 1884.) Les Romains étaient moins indulgents pour les femmes qui s'enivraient; elles étaient punies de mort. Valère Maxime en cite un exemple (l. VI, ch. 3) : « Chacun, dit-il, trouva qu'elle avait justement expié par une punition exemplaire la violation des lois de la sobriété; car toute femme qui fait un usage immodéré du vin ferme son cœur à toutes les vertus et l'ouvre à tous les vices. »

Enfin, c'est surtout au sentiment religieux plus développé chez la femme que chez l'homme, que j'attribue sa moralité et la diminution progressive de sa part proportionnelle dans la criminalité générale. Quetelet et M. Tarde [2] ont écrit que la part proportionnelle prise par les deux sexes à l'accomplissement des crimes et

---

[1] Un philosophe très distingué, M. Marion, s'est trompé en attribuant au veuvage une action démoralisatrice chez les deux sexes. (*De la solidarité morale*, p. 149.) Cette observation n'est exacte que chez l'homme.

[2] *La Criminalité comparée*, p. 108.

des délits reste invariablement la même. C'est là une erreur. La part proportionnelle des deux sexes a changé sensiblement ; depuis cinquante ans, la criminalité masculine augmente, la criminalité féminine diminue :

De 1826 à 1830, sur 100 accusés, il y avait 81 hommes, 19 femmes.
De 1876 à 1880,   —   84   —   16   —
En 1881,   —   85   —   15   —
En 1882,   —   86   —   14   —
En 1883,   —   86   —   14   —
En 1885,   —   87   —   13   —
En 1886 et 1887,   —   85   —   15   —

La proportion des femmes sur le nombre des prévenus de délits de droit commun a aussi changé. De 19 pour 100, elle est descendue à 15 pour 100, en 1880 (*Statistique*, p. 66). En 1886, elle n'a plus été que de 13 pour 100.

Cette diminution de la criminalité féminine et cette augmentation de la criminalité masculine me paraissent se rattacher à la crise morale que nous traversons et dont les hommes sont plus atteints que les femmes. Pendant que celles-ci conservent leurs croyances spiritualistes et chrétiennes, beaucoup d'hommes les perdent et ne savent comment les remplacer. « Les vieilles croyances, au moyen desquelles on aidait l'homme à conserver sa vertu, sont ébranlées, et elles n'ont pas été remplacées. » (Renan, *Dialogues philosophiques*, préface xviii.) Pour les esprits très cultivés, le travail intellectuel, la curiosité scientifique, l'idéal, peuvent, dans une certaine mesure, combler le vide immense qui se fait dans l'âme, lorsqu'elle perd ses croyances ; car, ainsi que le dit M. Renan, ces esprits cultivés agissent sous l'empire d'anciennes habitudes, « semblables à ces animaux à qui les physiologistes enlèvent le cerveau et qui n'en continuent pas moins certaines fonctions de la vie par l'effet du pli contracté. Mais ces mouvements instinctifs s'affaibliront avec le temps ». Si les esprits cultivés peuvent ainsi vivre « de l'ombre d'une ombre », de quoi vivront les hommes à qui on apprend que l'âme est la sécrétion du cerveau, qu'il n'y a pas de différence de nature entre l'homme et les animaux, que le devoir n'a pas un caractère absolu, que les intuitions morales sont le résultat des expériences accumulées d'utilité transmises par hérédité, que la croyance à la liberté morale est une illusion ? Sacrifier son intérêt au devoir, quand le devoir n'est plus qu'une illusion ; souffrir pour la justice, quand on cesse de croire à la justice ; préférer le dévouement à l'égoïsme, la pauvreté aux jouissances, lorsqu'il n'y a plus de réel, de positif que le plaisir et l'argent qui le procure, devient une tâche difficile pour ceux qui sont aux prises avec les passions et les nécessités de la vie. Pourquoi s'étonner que la criminalité de l'homme augmente, lorsqu'on lui enseigne que « le crime et la pénalité sont des notions purement relatives, qu'en dehors de la construction sociale, il n'existe point de crime, attendu que tous les actes qui correspondent à cette notion se ramènent à la lutte naturelle et nécessaire pour l'existence? » (*La Liberté de la volonté*, par Notovicht, p. 217.) Si l'humanité, oubliant les lois morales qui lui sont propres, emprunte aux animaux les lois qui les régissent, quoi d'étonnant que la lutte pour l'existence devienne, chez les hommes, comme chez les animaux, violente, implacable, que la société se transforme en un champ de bataille, où les forts et les habiles écrasent les faibles? « N'abusons pas de la zoologie, disait J.-B. Dumas, elle nous mènerait loin. » (*Réponse à M. Taine.*) Déjà Descartes et Pascal avaient signalé le danger des doctrines qui assimilent l'homme à la bête. « Il est dangereux de trop faire voir à l'homme combien il est égal aux bêtes, sans lui montrer sa grandeur. » (Pascal.) « Après l'erreur de ceux qui nient Dieu, disait aussi Descartes, il n'y en a point qui éloigne plutôt les esprits faibles du droit chemin de la vertu, que d'imaginer que l'âme des bêtes soit de même nature que la nôtre et que, par conséquent, nous n'avons rien à craindre ni à espérer après cette vie, non plus que les mouches et les fourmis. » (*Discours sur la Méthode*, V° partie.) C'était aussi dans l'antiquité l'opinion de Pline, qui a écrit qu'il importe pour le bonheur de la société de croire que la divinité « n'a pas fait naître l'homme dans le premier rang auprès d'elle pour le confondre dans son mépris avec la bête. » (II, ch. VII).

Les sciences naturelles, qui sont fort belles quand on peut en pénétrer l'esprit, sont quelquefois fort nuisibles quand on ne va pas au delà, ainsi que M. Biot l'a très justement fait remarquer. Depuis quelques années, j'ai eu à juger un certain nombre d'étudiants en médecine et en pharmacie pour vol, abus de confiance, faux, escroquerie, tandis que je n'ai eu à juger aucun étudiant en droit. On sait aussi que dans ces dernières années, un étudiant en médecine, Lebiez, a été condamné à mort pour assassinat et vol, et exécuté. Ainsi que nous l'apprend M. Henri Joly dans son savant ouvrage sur le crime, il est résulté de la procédure que l'étude de Darwin avait exercé sur Lebiez une très fâcheuse influence. (*Le Crime*, p. 101.) La raison de cette différence entre la conduite des étudiants en médecine et des étudiants en droit me paraît provenir d'études naturelles faites par les premiers sans esprit critique et dominées par la négation de Dieu, de l'âme et du libre arbitre. Assurément, je ne prétends pas que la négation des croyances spiritualistes conduise nécessairement au crime, mais je crois que la perte de ces croyances affaiblit, chez les jeunes gens, la force morale qui les maintient dans le droit chemin. Loin de moi la pensée de prétendre que le matérialisme et l'athéisme rendent toujours la pratique du bien impossible. Même avant sa conversion, **M.** Littré était un sage, « un saint laïque ». On peut dire la même chose de Darwin et de bien d'autres savants. Quelle que soit la théorie qu'il adopte, l'homme qui consacre sa vie à la science s'élève à une hauteur morale où les passions basses ne peuvent monter. Le savant peut penser en athée et agir en chrétien, cesser de croire à la liberté morale et au caractère absolu du devoir, et se conduire en même temps comme s'il se croyait libre et obligé par le devoir, par une de ces inconséquences qui sont naturelles à l'homme. Il peut aussi faire deux parts de sa vie, séparer la spéculation de la pratique, se livrer en toute liberté avec une sorte d'enivrement de l'esprit à toutes les hardiesses de la pensée, puis, dans la pratique de chaque jour, revenir au bon sens et penser comme les autres hommes. Mais tous les hommes ne savent pas faire cette distinction entre la spéculation et la pratique, et en général ils cherchent à mettre d'accord leurs actes avec leurs théories : la logique l'exige. Alors, lorsque les passions et l'intérêt sont en lutte avec le devoir, croit-on que les théories matérialistes et fatalistes auront autant d'efficacité que les croyances spiritualistes pour maintenir les jeunes gens dans le devoir? Diderot, que les hardiesses philosophiques n'effrayaient pas, avait lui-même reconnu le danger des études naturelles faites sans esprit critique. Craignant que, absorbés par l'étude de la matière et ne voyant qu'un côté des choses, les jeunes gens qui se livrent à l'étude de la philosophie naturelle ne fussent tentés de nier Dieu, l'âme et la liberté morale, il avait fait précéder du conseil suivant ses pensées sur l'interprétation de la nature : « Jeune homme, prends et lis... Aie toujours présent à l'esprit que la nature n'est pas Dieu, qu'un homme n'est pas une machine, et qu'une hypothèse n'est pas un fait. »

L'accroissement effrayant des crimes et des délits commis par les jeunes gens, attesté par les statistiques criminelles, me paraît le résultat de l'affaiblissement qui s'est produit dans les croyances spiritualistes et dans l'engouement de la jeunesse pour le positivisme et le darwinisme. Je viens de siéger deux ans de suite à la chambre des appels de police correctionnelle et j'ai été navré de voir qu'un grand nombre de prévenus étaient des jeunes gens. Un juge d'instruction très distingué, M. Adolphe Guillot, a fait la même observation pour Paris. « L'ancien gamin de Paris, si gai et si franc, dit-il, est remplacé par ce hideux gavroches dont le corps est aussi corrompu que l'esprit. » (*Paris qui souffre*, p. 251.) Le savant magistrat, qui instruit depuis de longues années à Paris les plus grosses affaires criminelles, « remarque dans leurs actes une exagération de férocité, une recherche de lubricité, une forfanterie de vice qui ne se rencontrent pas au même degré à un âge plus avancé. » Quelle est la cause principale de cette inquiétante perversité de la jeunesse, qui n'a jamais été aussi corrompue? M. Guillot la trouve dans l'affaiblissement des croyances spiritualistes et religieuses. Je partage entièrement son avis.

En résumé, si depuis un certain nombre d'années la part proportionnelle prise dans le nombre des crimes par l'homme a augmenté, et si celle de la femme a diminué, c'est parce que l'homme a adopté les théories nouvelles, plus scientifiques en apparence qu'en réalité, qui « rendent l'âme moins capable d'aimer et de vouloir » (Bourget, *Le Disciple*, préface), et parce que la femme a conservé les croyances qui la font vivre sous les regards de Dieu et lui inspirent les plus nobles sentiments. N'est-il pas évident que le positivisme, le darwinisme, le naturalisme, la doctrine de l'évolution, rendent l'homme moins capable de vouloir, puisque toutes ces théories aboutissent à la négation du libre arbitre et même à la négation de la volonté? Pour être libre, ne faut-il pas commencer par croire à sa liberté? Pour vouloir énergiquement le bien, pour le pratiquer, ne faut-il pas d'abord croire à la puissance de la volonté libre? Si l'homme se croit dominé par la fatalité ne sera-t-il pas tenté de faire comme Rolla?

> Ce n'était pas Rolla qui gouvernait sa vie,
> C'étaient ses passions; il les laissait aller
> Comme un pâtre assoupi regarde l'eau couler.
> Elles vivaient; son corps était l'hôtellerie
> Où s'étaient attablés ces pâles voyageurs.

A quoi bon lutter si on n'est pas maître de ses actes, si on n'a pas le pouvoir de régler sa destinée? On se laisse vivre, on s'abandonne à sa fantaisie, on analyse curieusement ses passions; la volonté s'affaiblit, et souvent le suicide et le crime arrivent à la suite des passions qui ne sont plus contenues. N'est-il pas évident aussi que les théories qui veulent appliquer à l'homme les lois zoologiques le rendent encore moins capable d'aimer et suppriment la pitié pour les faibles, le respect pour les pauvres, la commisération pour les malades et les infirmes? Or les sentiments jouent un grand rôle dans la moralité. Vauvenargues a dit que les grandes pensées viennent du cœur; on pourrait ajouter que les bonnes actions en viennent aussi plus sûrement que de l'intelligence. La connaissance théorique du devoir, même quand on lui conserve son caractère absolu, ne suffit pas pour en rendre l'accomplissement facile; il faut qu'il s'y joigne un bon sentiment qui vienne en aide à la volonté, un sentiment d'amour pour Dieu ou un sentiment de pitié pour ceux qui souffrent, qui sont faibles et pauvres. Dès lors il ne faut pas s'étonner que la femme, en restant plus fidèle que l'homme aux croyances, qui remplissent son cœur des plus nobles sentiments, commette moins que l'homme des crimes qui sont inspirés par l'égoïsme, et que la criminalité de l'homme augmente à mesure qu'il s'attache davantage à des théories qui dessèchent le cœur en voulant remplacer la morale par les lois zoologiques.

Quant à la seconde cause de l'accroissement de la criminalité masculine qui résulte de l'alcoolisme, les savantes discussions de l'Académie de médecine et les écrits des moralistes ne suffiront pas pour arrêter la marche de ce véritable fléau de l'intoxication alcoolique, si la législation n'est pas modifiée. Il est urgent d'abroger la loi de 1880, qui a établi la liberté des débits de boissons et qui, par suite, en a triplé le nombre. On pourrait, comme en Hollande, fixer par commune le chiffre maximum de ces établissements et, en outre, frapper les alcools de droits encore plus élevés, afin que l'eau de vie ne devienne pas une eau de mort pour la France.

www.ingramcontent.com/pod-product-compliance
Lightning Source LLC
LaVergne TN
LVHW012112170726
843501LV00008BC/2844